# 中国少数民族
# 活在乡村

## 遥かなる視線

　光陰矢の如しというが、昭和五十年に二科会写真部群馬支部が発足してから、はや、三十七年の歳月が流れた。

　そんな中、わが井田裕二郎君が二科の門を叩いたのは、今想えば十数年前のころであったと記憶する。

　その彼が宿望の写真集を上梓できたことは誠に快挙である。

　プロならぬ一アマチュアとして一冊の写真集が今新たに旅立つということは何よりも目出度い限りである。

　心からお祝いを申し上げたい。

　いつからか、彼は日本を離れて中国に強い視線を向け始め、ここ数年はそれに没頭してきたと云っていい。

　写真に対する彼の情熱のありようは並みのものではなく、これは周囲の誰もが認めるところであろう。

　人物スナップに優れた感性を持つ彼は、持ち前の貪欲さと向上心とでスクスクと伸び、たちまち県展を卒業し二科に専念した。

　そして一昨年二科会会員の栄に浴し、今、二科会写真部群馬支部長の職にある。彼が今日あるのは少しも不思議なことではない。

　今回写真集として纏め上げた数々の作品も、長い中国文化の歴史の中で、やがては失われてゆくであろう中国辺境の人々の暮らしにジックリと腰を据えて一途にこれを見据えていて、その対象への眼の確かさは少しも揺るぐところがない。

　これを一つの区切りとして、より深い自分へのメッセージを心に秘めつつ更なる精進をされることを祈るや切である。

　本当におめでとう。

　　　　　　　　　　　　　　　　　　二科会会員

# 遥远的视线

光阴似箭，自从昭和五十年，二科会写真部群马支部成立以来，早已过了三十七个年头。

记得井田裕二郎君加入我们二科会大概是十几年前的事吧。

他期盼已久的个人摄影作品集终于将出版发行，作为一个业摄影家能把自己的作品编成摄影集发行，无疑是一项壮举，我由衷地表示热烈祝贺。

不知什么时候，他把视线从日本转移到了中国少数民族的拍摄。

他对摄影的热情真是非凡的，这是谁都承认的。

对人物抓拍很有才华的他，不惜努力，追求理想的态度，使他顺利成长进步，很快得在二科会展上发表了作品。

前年他光荣地成为二科会会员，并且现在已担任二科会写真部群马支部长，这也是理所应当的。

这次选取的很多作品都是在中国以后的历史文化中可能会失去的部分。他想把这些作品作为中国边境的人的生活写实的回忆。

一直以来，他坚定目标，一点都没有摇动。

祝愿井田君在摄影路上，把这个作品集作为段落，百尺竿头，更进一步，能拍摄出更精湛，更生动的精神作品。

二科会会员　朝日　正

## はじめに

　中華人民共和国には人口13億、その6％を占める55の少数民族がいる。

　その多くが辺境の地で暮らしていて、僻地に入れば入るほど民族色が濃くなっていく。

　近年、高速道路網が発達し、少数民族の住む地に大勢の漢族観光客が押し寄せるようになってきているが、まだまだ車さえ通れない鄙びた地も沢山残っている。

　この地を訪れる為にはいくつかのハードルを越えなければならなかった。

　運が良いことに群馬中国文化センター代表の林 秀行氏と知り合い、彼の経験を聞き助言をもらえたことが大変参考になった。

　写真集を出版するにあたり、林秀行氏、そして日頃よりご指導頂いている二科会写真部本部理事の朝日正先生に、厚く御礼申し上げます。

井田裕二郎

# 前言

　　中华人民共和国约有13亿人口，其中的6％是55个少数民族。多大少数民族居住在边境地区，越走进偏远的地方越能看到浓厚的民族特色。

　　近年来，因为高速公路得以发展，所以大批游客可以去少数民族居住的边境地区旅游，但也仍然存在着连小车都开不进的乡村。

　　想要访问这些地方，必须先渡过几个难关。我运气很好，认识了群马中国文化中心的林秀行老师，听了他的经历，接受了他的建议，这些对我有了很大的帮助。

　　在出版此摄影集之际，我要向一直以来给予我帮助和指导的二科会写真部本部理事的朝日正老师和林老师表示由衷的谢意。

井田裕二郎

雲南省大理市：洱海

雲南省大理市：洱海

雲南省大理市：洱海

雲南省大理市：洱海

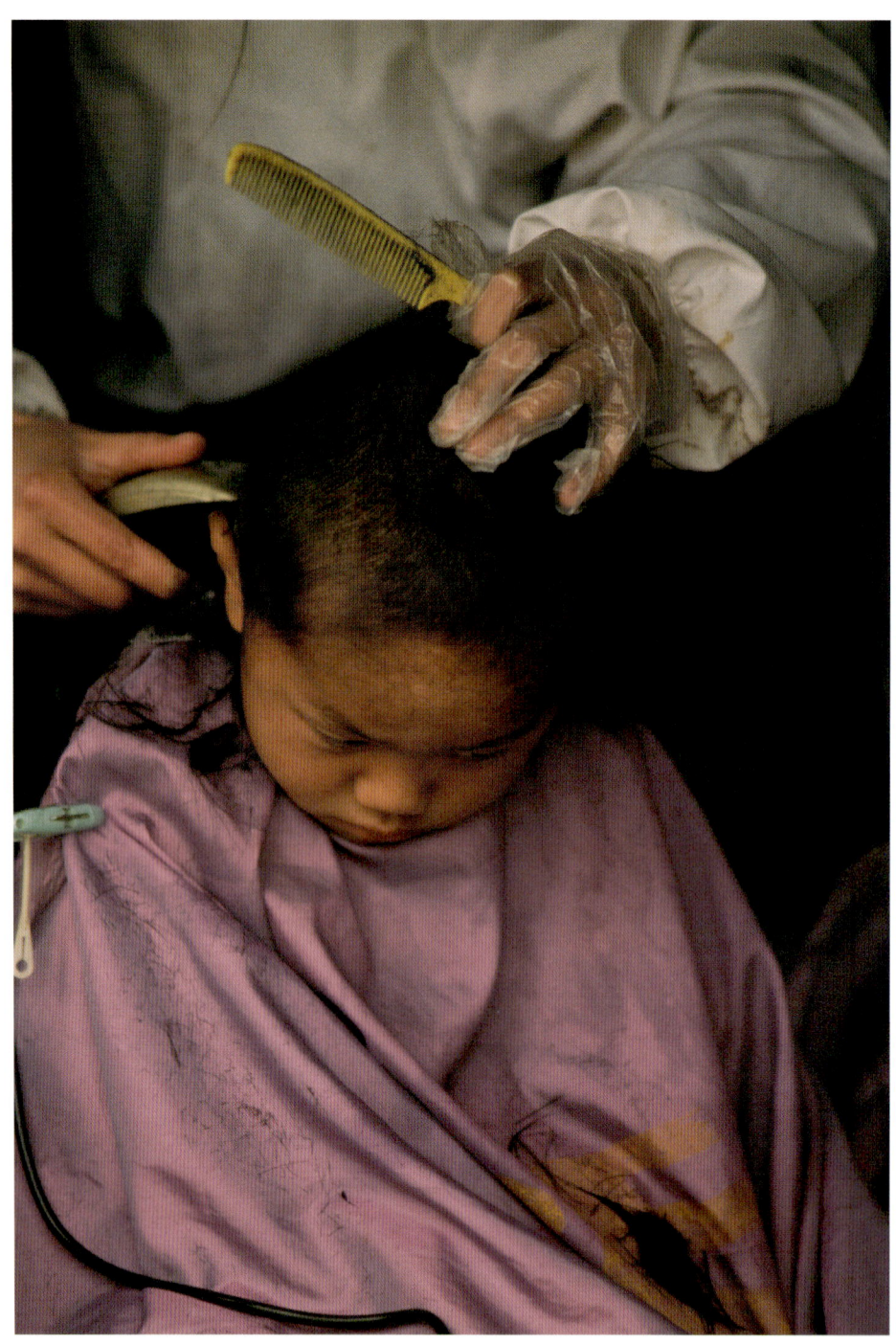

雲南省金平苗族瑤族傣族自治縣：老勐

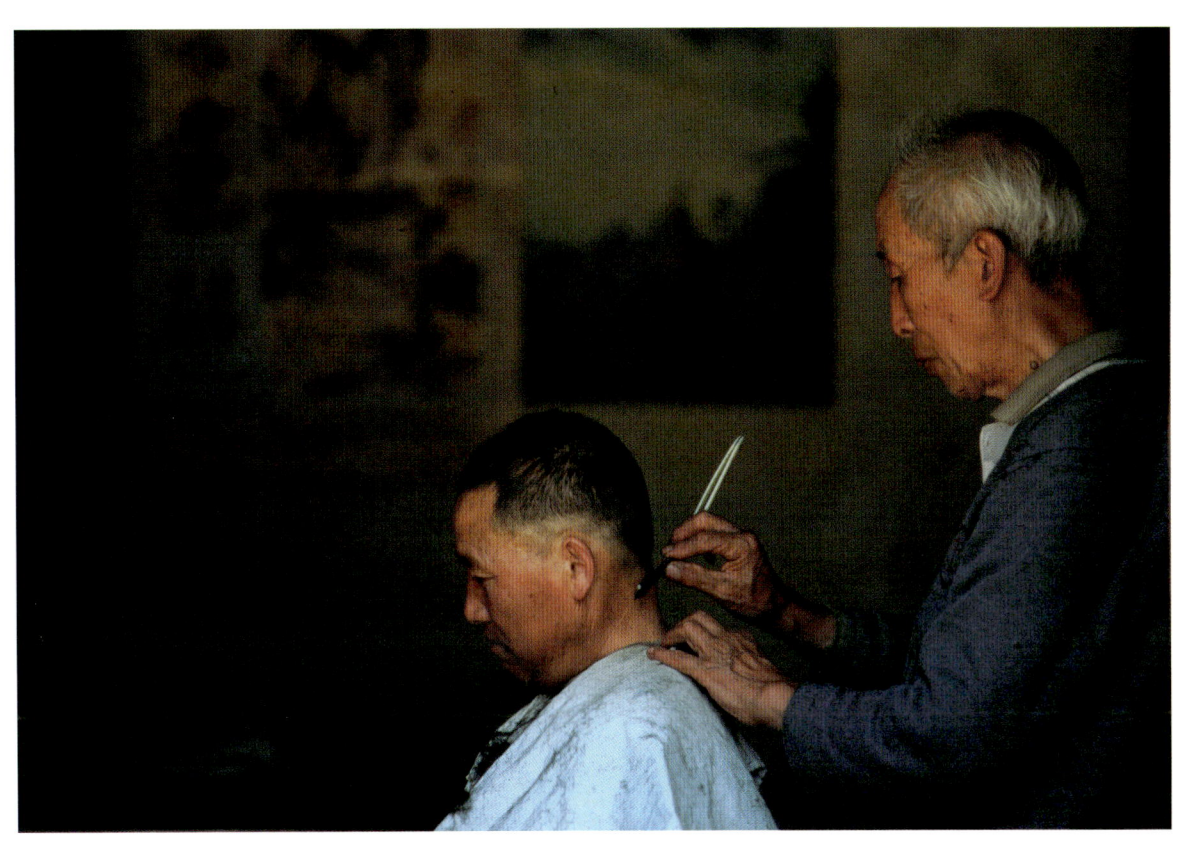

雲南省剣川县：沙渓

雲南省大理市：喜洲镇

四川省乐山市夹江县：华头镇

四川省眉山市洪雅县：高庙镇

雲南省元陽县：勝村

貴州省雷山县：西江

安徽省黟县：宏村

安徽省歙县：許村镇

四川省乐山市犍为县：石溪

貴州省安順市：屯堡

雲南省猛海县：勐海

貴州省六枝特区：新窑

雲南省景洪市：勐竜

貴州省凱里市：大中村

貴州省凱里市：舟渓

贵州省台江县：台拱镇

貴州省凱里市：大中村

貴州省凱里市：大中村

貴州省六枝特区：梭嘎

四川省金川县：安宁

雲南省香格里拉县：大中甸

甘肅省夏河县：夏河

甘肃省夏河县：夏河

雲南省香格里拉县：小中甸

甘肃省夏河县：夏河

甘肃省夏河县：夏河

甘肃省夏河县：夏河

甘粛省碌曲県：郎木寺

甘肃省夏河县：夏河

甘肅省夏河县：夏河

甘肃省夏河县：夏河

甘肃省夏河县：夏河

甘肃省夏河县：夏河

甘肃省碌曲县：郎木寺

甘肅省夏河县：夏河

甘肃省夏河县：夏河

四川省甘孜县：甘孜

四川省甘孜县：甘孜

貴州省凱里市：郊外

貴州省凱里市：郊外

四川省楽山市夹江县：华头镇

四川省丹巴县：巴底

雲南省景洪市：勐養

雲南省金平苗族瑤族傣族自治县：十里村

貴州省六枝特区：新窑

四川省乐山市夹江县：华头镇

雲南省金平苗族瑤族傣族自治県：銅廠

雲南省宁蒗彝族自治县：永宁

雲南省金平苗族瑤族傣族自治县：阿得博

雲南省元陽县：勝村

雲南省元陽县：多依樹

甘肅省瑪曲县：瑪曲

甘肅省瑪曲县：瑪曲

広西壮族自治区：三江

貴州省凱里市：石青

甘肅省瑪曲县：瑪曲

雲南省元陽县：麻栗寨

雲南省丘北县：日者

雲南省猛海县：勐混

雲南省元陽县：牛角寨

雲南省猛海县：勐混

雲南省猛海县：勐混

雲南省猛海县：勐混

雲南省元陽県：多依樹

雲南省元陽县：多依樹

貴州省凱里市：郊外

雲南省広南县：西洋

杭州郊外：烏鎮

安徽省黟县：宏村

四川省邛崃市：夹关

雲南省丘北県：日者

四川省西昌市盐源县：瀘沽湖镇

四川省邛崃市：火井

雲南省元陽县：牛角寨

雲南省元陽县：牛角寨

雲南省元陽县：牛角寨

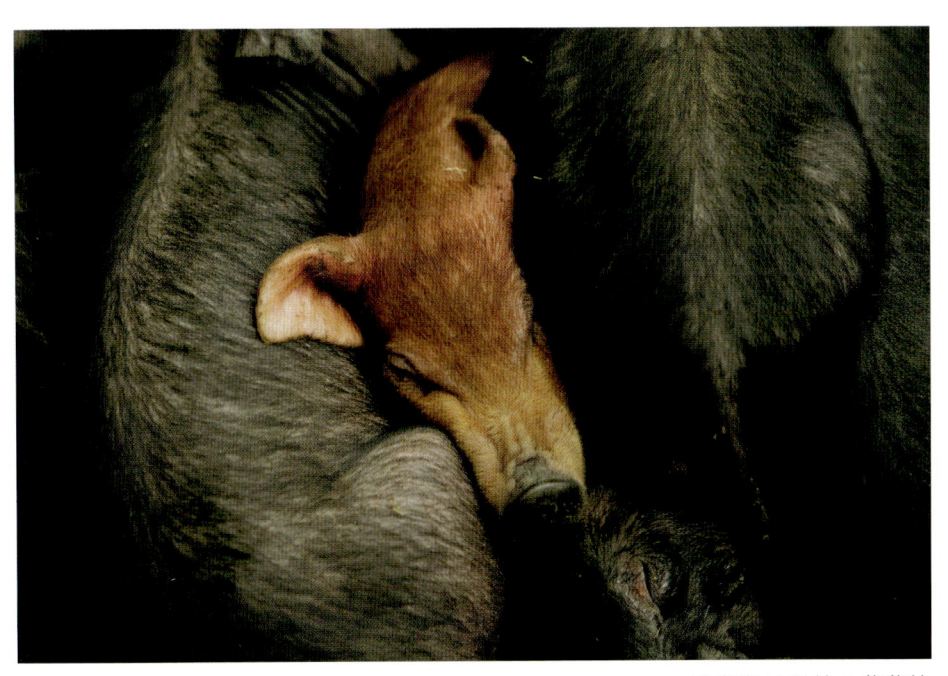

雲南省元陽县：黄茅怜

四川省邛崍市：平楽

雲南省丘北县：日者

広西壮族自治区：陽朔

雲南省宁蒗彝族自治县：瀘沽湖

雲南省宁蒗彝族自治县：瀘沽湖

雲南省宁蒗彝族自治县：瀘沽湖

雲南省宁蒗彝族自治县：瀘沽湖

雲南省通海县：納古

## 写真説明

| | | | |
|---|---|---|---|
| 表紙 | 美人の産地として有名な丹巴チベット族の少女。 | 29 | 長角苗族の髪結い。少数民族も標準語を話すが南方訛りで聞き取りづらいことが多い。彼女の発音はとても綺麗だったのを覚えている。 |
| 06-09 | 大理市にある標高2000mの高原湖、洱海。そこに生きる白族の人達のスナップ。 | 30 | 知り合ったチベット族の写真家と行動を共にすることになった。待ち合わせした安寧鎮で偶然老人会なる正装したチベット族の老人達に出くわした。 |
| 10-15 | 路地の床屋を外からスナップ。マーケットの日には露天の床屋も出現する。 | 31 | チベット族競馬会の朝見かけた男。出走者か観客か、チベット族の男はそろって粋な人物が多い。 |
| 16-19 | 昔の日本のように、学校までの長い道のりを兄弟、友達、またひとりで登下校する。 | 32-33 | 標高2900mの夏河、乾燥していて埃っぽい。皆お洒落なマスクをしていた。 |
| 20-23 | 少数民族は女性の方が働き者のようだ。どこへ行っても女性の働く姿を眼にした。 | 34 | 朝のお祈りを終えたチベット族の女。チベット族のほとんどがチベット仏教を信仰している。 |
| 24 | 旧暦小正月の芦笙祭に向かう村人達。 | 35 | チベット族の嫁と姑。チベット族の女性も民族衣装の着こなしのセンスは素晴らしい。 |
| 25-28 | 芦笙祭の主役、祭の少女達。 | 36 | マニ車を回しながら巡礼していた老婆。 |

| | | | |
|---|---|---|---|
| 37 | 巡礼に向かうお洒落なチベット族姉妹。 | 47-48 | 標高3300mの甘孜チベット族自治州、そこに流れる雅龍江に架かる吊り橋。ラマ僧、尼僧が行き来していた。 |
| 38 | 巡礼の女。マイナス10度以下の酷寒の中を巡礼していた。 | 49-51 | 苗寨は河の傍に造られる。河の対岸を行き来する為、吊り橋がいたるところにあった。 |
| 39 | 五体投地。 | 52 | 美人の産地として有名なギャロンに泊まった。宿舎の裏の谷は俗に美人谷と呼ばれていて吊り橋が架かっていた。待っていても人が通らないので、宿泊先のギャロンチベッタンに歩いてもらった。 |
| 40-41 | 巡礼順路には、平らな岩場が設けてあり、その上でお祈りしていた。 | 53 | 花腰傣族の高床式家屋の土間で一夜を過ごした。翌朝、村の広場に行くと配給券を手にした家人が並んでいた。 |
| 42-43 | 朝靄のラブラン寺。空が明けてくるとラマ僧、巡礼者が集まって来た。 | 54 | 金平苗族瑶族傣族自治県では毎日どこかの村でマーケットが開かれていて、民族衣装を着た売り子や買い手でにぎわっていた。 |
| 44 | 寺には多くの修行僧がいた。 | 55 | 昔、貴州省のある苗族が糸電話を使い愛の告白をする習慣があったというが、村の長老に尋ねてみても知らないとの返事だった。結局、幻の苗族には出会えなかった。 |
| 45-46 | 朝の修行を終え宿坊に戻るラマ僧。 | 56 | 定期市の路地裏で商売をする老父、人懐っこく笑ってくれた。 |

| | | | |
|---|---|---|---|
| 57-59 | 中国一人っ子政策が免除されている少数民族、子守りする若い母を良く見かけた。 | 67 | 霧の中を放牧していた老婆。カメラに気づくと足早に山の中に入ってしまった。 |
| 60 | 店先で孫を背負うハニ族の老婆。 | 68 | 定期市に来ていた苗族の女。30分程後をついていったが、自宅は遠いようだった。 |
| 61 | カメラマン目当てにゆで卵を売っていたハニ族の女。棚田で有名な元陽。その中でも日の出の撮影で多くのカメラマンが集まる多依樹。この時の撮影では毎日朝霧が発生し、一度も棚田を拝むことが出来なかったが、スナップにはプラスαになった。 | 69 | 熱帯雨林気候の西双版納。朝霧が良く発生するので写欲をそそられた。 |
| 62-63 | 瑪曲大草原。標高が3000mを超えると空気が澄んで来る。空気が薄いので高山病対策が必要だった。 | 70 | 定期市で牛を売る男。斜面に子牛を繋ぎ、客に品定めをさせていた。 |
| 64 | 放牧も子供の仕事のようで、投石しながら器用に牛を追っていた。 | 71 | 夕日の中、孫を連れて歩く傣族の老女。 |
| 65 | 闘牛を観戦していた少女。芦笙祭に行くと、畑の中や河川敷で闘牛が行われていた。 | 72-73 | 西双版納のマーケットの早朝のスナップ。 |
| 66 | 放牧する少女。学校を休んで家の手伝いだという。 | 74-75 | 野良仕事に向かうハニ族の女達。 |

| | | | |
|---|---|---|---|
| 76 | 日本人のルーツと言われてもいる苗族。確かに髪の簪は日本のそれと似ている。 | 84-85 | マーケットの店先。 |
| 77 | 乗り合いタクシーで降り立った西洋だったが、宿泊施設が無く民家に泊めてもらった。運が良いのか悪いのか、夕方、対岸で沐浴が見られた。 | 86-87 | 自転車、輪タク、まだまだ田舎だと主役のようだ。 |
| 78 | 古鎮で有名な鳥鎮。早起きして散歩していたら、のどかな場面に出くわした。 | 88 | 雲南、貴州南部はカルスト地形が広がっていて絶景の風景が見られる。 |
| 79 | 古鎮で有名な宏村の月沼。 | 89-92 | 通い婚で知られる母系制社会で有名なモソ人が住む濾沽湖でのスナップ。標高2688mの高原湖で雲南省と四川省の省境に位置する。早朝、渡し舟が出るがやはり女性が主役だった。 |
| 80 | 観光地化された平楽鎮の下流に昔のままの手着かずの古鎮があった。 | 93 | 門前でみつめるイヌ。どの村にも、放し飼いのイヌが沢山いた。 |
| 81 | 狭い路地裏の店先、気づかれないようにノーファインダーでパチリ。 | | |
| 82-83 | 店番をする子供。昔の日本を思い出す。 | | |

## 主な撮影地

中華人民共和国

雲南省：大理市　洱海　剣川県　宁蒗彝族自治県　瀘沽湖　香格里拉県
　　　　元陽県　金平苗族瑶族傣族自治県　丘北県　景洪市　通海県
　　　　広南県
貴州省：安順市　凱里市　六枝特区　台江県　雷山県
四川省：丹巴県　甘孜県　金川県　楽山市　邛崍市　眉山市
　　　　西昌市
甘粛省：夏河県　碌曲県　瑪曲県
安徽省：黟県　歙県
広西壮族自治区：陽朔　三江

## 主な撮影機材

キャノンEOS-1
　　EOS55
　　　EF20〜35ミリF2.8
　　　EF24〜85ミリF3.5〜4.5
　　　EF70〜200ミリF2.8

ソニーα100
　　α200
　　α300
　　　タムロンAF11〜16ミリF2.8
　　　シグマAF18〜50ミリF2.8
　　　シグマAF50〜150ミリF2.8

ミノルタα-707
　　α-7 DIGITAL
　　　AF20〜35ミリF3.5〜4.5
　　　AF80〜200ミリF2.8
　　　AF500ミリF8

ルミックスDMC-LX3

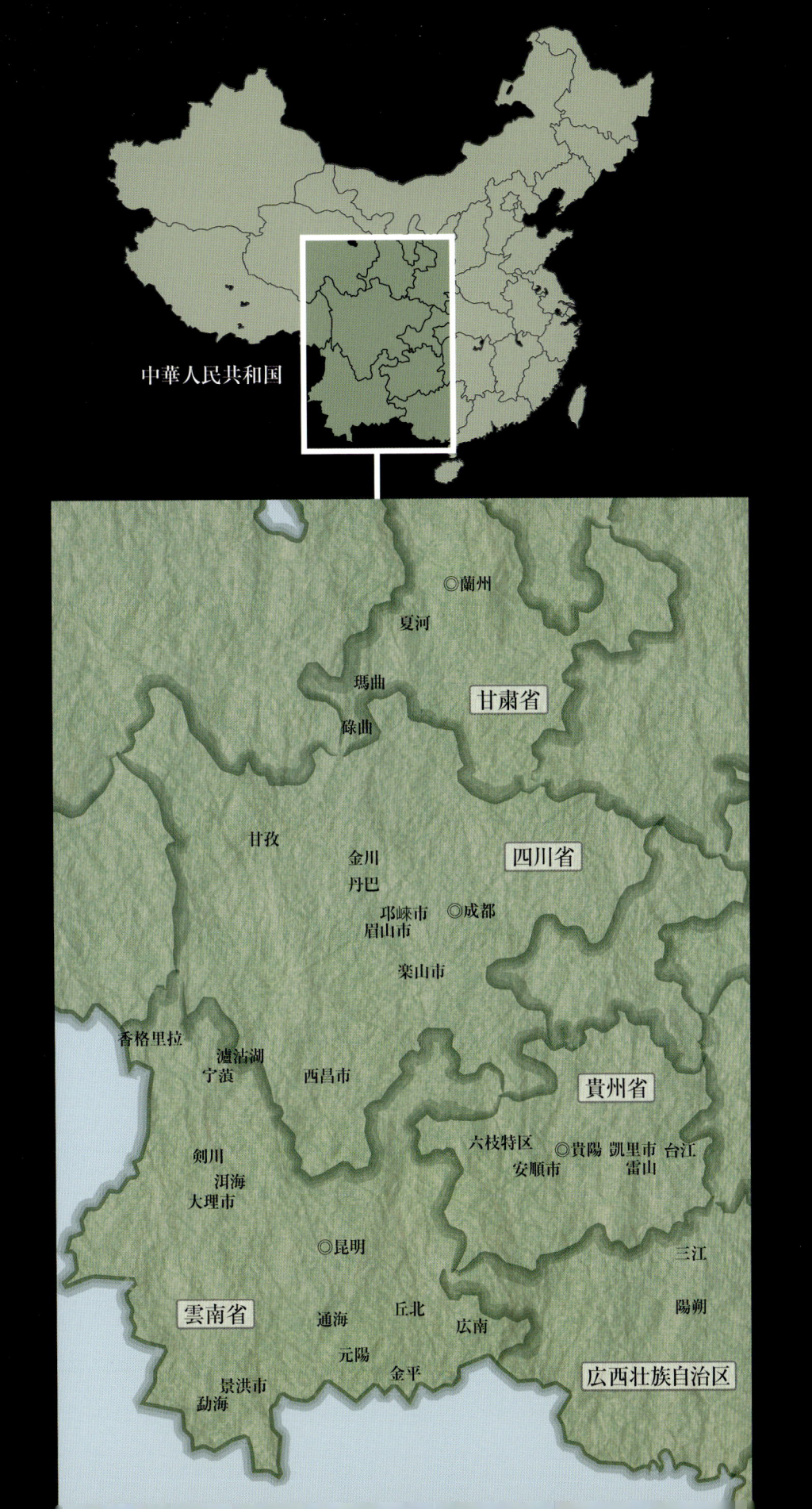

中華人民共和国

蘭州
夏河
瑪曲
碌曲
甘粛省

甘孜
金川
丹巴
邛崍市　◎成都
眉山市
楽山市
四川省

香格里拉
瀘沽湖
宁蒗
西昌市
貴州省

剣川
洱海
大理市
六枝特区　◎貴陽　凱里市　台江
安順市　　　　　雷山

◎昆明
三江
陽朔

雲南省
通海　丘北
広南
元陽
金平
広西壮族自治区

景洪市
勐海

プロフィール
# 井田裕二郎（いだ ゆうじろう）

1958年2月1日生まれ
群馬県高崎市出身
二科会写真部　会員
二科会写真部　群馬支部長
群馬県写真展覧会委嘱作家

**略歴**

| | |
|---|---|
| 平成3年 | 二科会写真部埼玉支部入会 |
| 平成4年 | 朝日正氏主催のグルッペCOCO入会<br>群馬県展　ダイレクトプリントの部　読売新聞社賞<br>キヤノン鉄道コンテスト　銅賞 |
| 平成5年 | 二科展　入選<br>富士フォトコンテスト　入選 |
| 平成6年 | 二科展　入選<br>富士フォトコンテスト　入選<br>コダックフォトコンテスト　入選<br>群馬県展　ダイレクトプリントの部　県写真文化協会賞 |
| 平成7年 | 二科会写真部群馬支部転入<br>二科展　入選<br>群馬県展　ネガカラーの部　県教育文化事業団会長賞<br>群馬県展　カラースライドの部　共同通信社賞<br>群馬二科展　推薦 |
| 平成8年 | 二科展　入選<br>富士フォトコンテスト　銅賞<br>コダックフォトコンテスト　優秀賞<br>群馬県展　白黒プリントの部　知事賞<br>群馬県展　ダイレクトプリントの部　読売新聞社賞<br>群馬県展　カラースライドの部　県教育長賞<br>群馬二科展　推薦 |
| 平成9年 | 二科展　入選<br>富士フォトコンテスト　優秀賞<br>群馬県展　ダイレクトプリントの部　知事賞<br>群馬県展　白黒プリントの部　県議会議長賞<br>群馬県展　カラースライドの部　県観光協会賞<br>群馬二科展　推薦 |
| 平成10年 | 二科展　入選<br>群馬県展　白黒プリントの部　知事賞<br>群馬県展　ダイレクトプリントの部　知事賞<br>群馬県展　カラースライドの部　知事賞<br>日本フォトコンテスト誌　カラープリントの部　年度賞1位 |
| 平成11年 | 二科展　入選<br>群馬県展　カラースライドの部　朝日新聞社賞<br>群馬県展　ダイレクトプリントの部　県写真文化協会賞<br>群馬二科展　大竹省二賞 |

| | |
|---|---|
| 平成12年 | 二科展　入選<br>群馬県展　カラースライドの部　知事賞<br>群馬県展　ダイレクトプリントの部　県写真文化協会賞<br>日本カメラ誌　カラースライドの部　年度賞5位 |
| 平成13年 | 二科展　入選<br>富士フォトコンテスト　銀賞<br>群馬県展　ダイレクトプリントの部　知事賞<br>群馬県展　カラースライドの部　県教育長賞 |
| 平成14年 | 二科展　入選<br>群馬県展　自由作品の部　県写真文化協会賞<br>日本カメラ誌　カラースライドの部　年度賞2位 |
| 平成15年 | 二科展　入選<br>群馬県展　特別出品者推挙　「神馬」 |
| 平成16年 | 二科展　入選<br>二科会写真部会友推挙　「霧の路傍」<br>群馬県展　委嘱作品　「佳日」 |
| 平成17年 | 二科展　会友作品　「チベット族の男」<br>群馬県展　委嘱作品　「ラマ僧」 |
| 平成18年 | 二科展　会友作品　「山の民」<br>群馬県展　委嘱作品　「酷寒に生きる」 |
| 平成19年 | 二科展　会友作品　「鬼ごっこ」<br>群馬県展　委嘱作品　「学校帰り」 |
| 平成20年 | 二科展　会友作品　「霧の路傍」<br>群馬県展　委嘱作品　「獅子舞の日」 |
| 平成21年 | 二科展　会友作品　「闘牛の日」<br>群馬県展　委嘱作品　「朝のひととき」 |
| 平成22年 | 二科展　会友作品　「放牧」<br>群馬県展　委嘱作品　「朝市へ」 |
| 平成23年 | 二科展　会友作品　「子守り」<br>二科会写真部会員推挙<br>群馬県展　委嘱作品　「出番前」 |
| 平成24年 | 二科展　会員作品　「店番の男」<br>群馬県展　委嘱作品　「ハニ族の母子」 |

# あとがき

　今から、十数年前になるだろうか。NHKのドキュメンタリーテレビで見た映像に目が釘付けになった。

　中国の少数民族だった。そこには、糸電話を使い恋愛を謳歌している可憐な衣装を身につけた少女達がいた。

　中国、貴州省、六枝地区に住むミャオ族だという。

　スナップ専門の私は、三十歳から四十歳半ばにかけて、東北、北陸と祭りをメインに作品づくりに熱中していた。

　とりわけ、田舎の祭りには、人情や家族の絆など古き良き日本の伝統が残っていて、足繁く通っていた。

　しかし、昨今の近代化が山深い山村にまでおしよせ、山村の子供達は外見だけみれば都会のそれと見分けが付かなくなってしまっていた。そんな倦怠を感じ始めていた矢先の出会いだった。

　調べてみると、少数民族が定住している場所は、広大な中国でも僻地がほとんどで、訪ねるには労力と時間が必要だと解った。国際空港の有る都会からさらに車で乗り継いで1日がかりでも珍しくなく、交通手段を探るのが一苦労だった。

　モチーフにするのには、懸念が無かったと言えばウソになるが、今想えば作品づくりの情熱が先行していたんだと思う。

　中国通いが始まった。一回の撮影行で七日から九日、それを年三回から四回。かれこれ三十数回になったろうか。

　少数民族との出会いを求めて十年が経ち、ここでひとつの区切として作品を発表する事にした。中国もここ十数年で日本と同様に近代化の波が押し寄せており、漢族と見分けがつかなくなりつつある少数民族も少なくない。いつまでも、独自の伝統を守り伝えることを祈って止まない。

井田 裕二郎

# 后记

还记得那时十几年前的事。NHK电视台播放了一个纪录片，我被它给吸引住了。是一个中国少数民族的姑娘们穿着可爱的民族服装打着土电话玩爱情游戏的镜头。据说她们都是居住在中国贵州省六枝特区的苗族姑娘。

以拍摄人物为主的我，在三十岁到四十多岁之间，一直热衷于拍摄日本东北和北陆地区的节日庙会里出现的人。特别是乡村的节日庙会的人，他们还保留着浓厚的人情和亲情，这也让我回想起往日日本美好。

但是现代化的浪潮席卷到山村里，本来淳朴的山村小孩也看上去和城市小孩没有什么差别了。我对摄影多少感到了厌倦。正好在那些日子里，偶然看到了那个画面。

我开始调查中国少数民族的事，知道他们居住的地方都是偏远地区，要访问那里需要时间和耐力，是相当吃力的。让我最头疼的事就是交通工具。大部分的地方离有国际机场所在的大城市很远，都要花整一天的时间，换好几次车才能到达。

坦白地说，当时的我，对把少数民族作为摄影主题的事，也是有一些忧虑的。不过在现在想想，应该想拍摄出好作品的热情胜过了担忧吧。

我的中国之行开始了。摄影旅行一次要七到九天，一年三到四次，加在一起已经三十多次了。期盼和少数民族的邂逅也已经十多年，在此把这摄影集作为段落。

这十几年来，中国也跟日本一样，现代化的浪潮席卷到各地，有不少少数民族已经失去了他们的传统文化，所以我希望他们能够保持他们独特的传统文化。

井田 裕二郎

鄙に生きる
ひな
発行日 2013年5月1日
初版第一刷発行

著者／井田裕二郎
デザイン／podo
発行人／石井聖也
編集／横井麻衣
営業／片村昇一
発行所／株式会社 日本写真企画
〒104-0032 東京都中央区八丁堀3-25-10 JR八丁堀ビル6F
Tel 03-3551-2643 Fax 03-3551-2370
印刷・製本／シナノ印刷株式会社
©2013 Yujiro Ida

本書の収録内容の無断転載、複写、引用は著作権法上での例外を除き禁じられています。
落丁・乱丁の場合はお取り替えいたします。
ISBN978-4-903485-80-5 C0072 ¥2500E
Printed in Japan